Eta Mwen An NOUYÒK

Ekri pa Christina Earley
Tradui pa Jean-Pierre Gaston

TAB DE KONTNI

Yon Liv Crabtree Plantules

Crabtree Publishing
crabtreebooks.com

Sipò Lekòl A Kay Pou Moun Kap Bay Swen Ak Pwofesè Yo

Liv sa ede timoun yo grandi lespri yo nan kite yo pratike lekti. Men kèk kesyon kap ede lektè yo bati konpreyansyon konpetans yo. Repons posib yo parèt an wouj.

Anvan Lekti:

- Kisa mwen konnen sou Nouyòk?
    - *Mwen konnen Nouyòk se yon eta.*
    - *Mwen konnen Nouyòk toupre de nan Gran Lak yo.*
- Kisa mwen vle aprann sou Nouyòk?
    - *Mwen vle aprann ki moun ki pi popilè ki te fèt nan Nouyòk.*
    - *Mwen vle aprann ki jan drapo eta sa sanble.*

Pandan Lekti:

- Kisa mwen te aprann jiskaprezan?
    - *Mwen aprann Albany se kapital eta Nouyòk.*
    - *Mwen aprann ke 3,160 tòn (2,867 tòn metrik) dlo pase sou Niagara Falls chak segonn.*
- Mwen mande poukisa...
    - *Mwen mande poukisa flè leta se roz la.*
    - *Mwen mande poukisa gen chato nan Zile Mil yo.*

Apré Lekti:

- Kisa mwen te aprann sou Nouyòk?
    - *Mwen aprann ke Lak Placid gen yon piste bobsled.*
    - *Mwen aprann ke bèt leta se kastò a.*
- Li liv la ankò epi chèche mo glosé yo.
    - *Mwen wè mo **kapital** la nan paj 6, ak mo **lejand** nan paj 18. Lòt mo vokabilè glosè yow wap jwenn nan paj 22 ak 23.*

NOUYÒK

Alo! Non mwen se David.
Byenveni nan Nouyòk!

Mwen rete nan vil Nouyòk. La **gratsyèl** isit la yo trè wo.

Vil mwen an gen premye pizzeria nan Etazini.

Nouyòk se nan la nòdès Etazini. **Kapital** la se Albany.

Ti Parol Enteresan yo: Vil Nouyòk se pi gwo vil la nan eta Nouyòk.

Bèt leta se **kastò**.

Rose la se flè leta.

Nou grandi anpil pòm. Gen kèk nan yo ki itilize pou fè desè mwen pi renmen, tat pòm!

Ti Parol Enteresan yo: Nouyòk se youn nan eta yo ki fè plis pòm nan peyi Etazini.

Drapo eta mwen an gen yon plak pwotèj sou li. **Plak pwotèj** a montre bato yo sou Rivyè Hudson nan.

Gen 12 ekip espò nasyonal nan Nouyòk.

Mwen renmen vizite Pak Eta Niagara Falls la. Gen yon bato ki fe ekspedisyon ki vin tou pre nan dlo ki gwonde a.

Ti Parol Enteresan yo: Plis ke 3,160 tòn (2,867 tòn metrik) nan dlo ki vide sou Niagara Falls la tonbe chak segonn.

Gen kèk chato pou yo wè pa bato nan Zile Mil la.

Mwen monte rus yo nan Coney Island.

Atis rap Jay-Z te fèt nan Nouyòk. **Lejand** NBA Michael Jordan te fèt nan Nouyòk tou.

Ti Parol Enteresan yo: Sonia Sotomayor, ki sèvi sou Tribinal Siprèm Etazini an, te fèt nan Bronx, Nouyòk.

Mwen trennen sou yon tras **bobsled** nan Lak Placid.

Mwen monte sou yon chwal nan Mize Herschell Carrousel Faktori a.

Glosè

bobsled: Yon treno pou de ou kat moun ki glise sou glas ak nèj epi li itilize pou kous

gratsyèl: Bilding trè wo

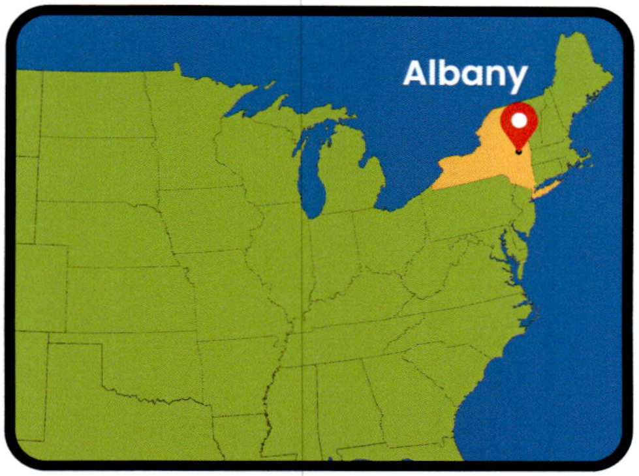

kapital: Vil kote yon gouvènman peyi, Eta, oswa pwovens sitiye

kastò: Yon ti bèt ki gen fouri mawon epè, ak yon ke ki laj et plat, ak viv sou tè ak nan dlo

lejand: Yon moun ki trè popilè ke yo konnenki se ki fè yon bagay byen

plak pwotèj: Yon foto ki gen fòm tankou yon plak pwotèj sòlda

Endèks

Kiyes Otè A Ye

Li renmen vwayaje Etazini pou li aprann sou diferan kote istorik yo. Pase tan plezi li enkli randone, yoga, ak boulanjri.

Ekri pa: Christina Earley
Ilistrasyon ak mizanpaj pa: Bobbie Houser
Devlopman Seri: James Earley
Korektè: Janine Deschenes
Konsiltan Edikasyon: Marie Lemke M.Ed.
Tradui pa: Jean-Pierre Gaston

Photographs:
Alamy: Ieronymos: p. 5; Max Simson: p. 14-15; WDC Photos: p. 19; Philip Scalia: p. 21
Shutterstock: spyarm: cover; Mihai_Andritoiu: p. 3; Taiga: p. 4, 23; Volina: p. 6, 22; Sean Pavone: p. 7; Christian Musat: p. 8, 22; ER_09: p. 9; jewelspics: p. 10-11; 5 second Studio: p. 11; Wangkun Jia: p. 12, 23; Debby Wong: p. 13, 18 left; Jam Norasett: p. 15; Elenarts: p. 16; James Kirkikis: p. 17; landmarkmedia: p. 18 right, 23; Steve Broer: p. 20, 22

Crabtree Publishing

crabtreebooks.com 800-387-7650

Printed in the U.S.A./052025/CP20250423

Published in Canada
Crabtree Publishing
616 Welland Avenue
St. Catharines, Ontario
L2M 5V6

Published in the United States
Crabtree Publishing
347 Fifth Avenue
Suite 1402-145
New York, New York, 10016

Library and Archives Canada Cataloguing in Publication
Available at Library and Archives Canada

Library of Congress Cataloging-in-Publication Data
Available at the Library of Congress

Hardcover: 978-1-0398-6490-0
Paperback: 978-1-0398-6559-4
Ebook (pdf): 978-1-0398-6628-7
Epub: 978-1-0398-6697-3
Audio: 978-1-0398-6760-4
Read-Along: 978-1-0398-6823-6